7

Lk 3515.

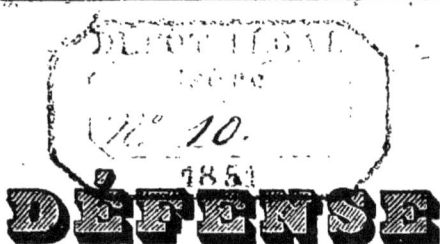

DÉFENSE

DE

L'ÉVÉNEMENT DE LA SALETTE

CONTRE

DE NOUVELLES ATTAQUES,

Par l'Abbé Rousselot,

CHANOINE, VICAIRE GÉNÉRAL HONORAIRE DU DIOCÈSE,

Auteur du RAPPORT SUR LA SALETTE, en 1848, et des NOUVEAUX DOCUMENTS sur ce Fait, en 1850.

> Dignare me laudare te , Virgo sacrata; da mihi virtutem contra hostes tuos.　　OFF. ECCL.

Avec la permission de Mgr l'Evêque.

GRENOBLE,

chez

| Aug. Cabus, libraire du clergé, place Notre-Dame, 3. | Baratier frères et fils, imprimeurs-libraires de l'Evêché, Grand'rue, 4. |

1851.

Grenoble, imprimerie de C.-P. Baratier.

COUP D'ŒIL

Sur les récentes attaques contre le Fait de la Salette.

———

FÉVRIER 1851.

———

Depuis deux mois, il était devenu de mode dans un certain monde de déclamer contre le fait de la Salette. On semblait s'être donné le mot pour le faire tomber sous les coups redoublés d'une haine injuste et mal déguisée. On crut en avoir fini avec lui, en semant adroitement ou en propageant hautement les bruits les plus faux, les suppositions les plus dénuées de fondement. Avec un zèle digne d'une meilleure cause, on proclama à son de trompe et avec des transports de joie, que l'imposture de la Salette avait enfin été mise au grand jour; que les deux enfants qui faisaient tant de dupes depuis quatre ans, s'étaient rétractés devant le pieux curé d'Ars; que procès-verbal de leur rétractation avait été dressé sur le champ, et immédiatement expédié à Belley, à Lyon et ailleurs. Dès ce moment, mémoires et lettres revêtus de signatures respectables, partirent dans toutes les directions. Quelques-uns enchérissant sur ces bonnes nouvelles écrivaient que l'un des enfants était en fuite, tandis que l'autre était devenu l'opprobre

de son sexe. Selon d'autres, Mélanie était morte,
et avant de mourir avait avoué sa fourberie. Tous
enfin, d'un commun accord, entonnaient l'hymne
du triomphe et annonçaient *l'enterrement* du *maudit*
Fait. Mais, pour empêcher qu'il ne renaquît de
ses cendres, on résolut de charger la *Presse* d'en
célébrer les funérailles, et d'en donner la notice
nécrologique. La *Presse* est de nos jours la reine de
l'opinion; elle est prompte comme l'éclair, elle
écrase comme la foudre. Elle sera donc chargée
d'apprendre au monde qu'il est depuis quatre ans
la dupe de deux petits pâtres des Alpes. Evêques
et prêtres, savants et sages de tous les rangs et de
toutes les conditions, tous auront été indignement
joués par deux enfants grossiers, ignorants, sa-
chant à peine parler. Il y a deux sortes de *Presse*,
la bonne et la mauvaise. Les gens de bien se dé-
fient de celle-ci; d'ailleurs, elle ne s'occupe guère
de religion, encore moins de miracles; elle est
suspecte à ceux-mêmes qui la choisissent pour leur
oracle. On comprit donc la nécessité de faire irrup-
tion dans un journal réputé grave, sérieux, favorable, ou du moins non hostile à la religion et au
clergé. L'article, rédigé d'avance et revêtu d'une
signature légale, fut glissé furtivement dans l'un
des journaux de Lyon, d'où, comme d'un centre
il arriverait bientôt à tous les points de la circon-
férence, et produirait son effet avant que les dé-
mentis pussent arriver. Tactique habile peut-être,
mais de la plus insigne déloyauté! Aussi deux jours
après, l'article tombait dans l'officine du *Patriote*

des Alpes, qui le remettait en lumière avec renfort
d'insinuations malignes , d'imputations odieuses ,
et lui donnait pour escorte un long et *charitable*
réquisitoire contre le Clergé de trois Diocèses.

Voilà donc l'œuvre de l'Opposition ! Voilà les
auxiliaires qu'elle s'est donnés !

Mais, pour être juste , distinguons deux classes
d'opposants : les uns ne croient pas encore à la
Salette , parce qu'ils ne regardent pas comme suf-
fisantes les preuves alléguées en sa faveur ; ils
suspendent leur assentiment, et néanmoins respec-
tant le fait et leurs adversaires ; ils évitent de
contrister ou de scandaliser les âmes simples et
droites. Ils peuvent mal raisonner , mais ils sont de
bonne foi. Cette première classe mérite notre respect.

Quant aux croyants et aux amis du Fait, les
uns ont cru après un examen sérieux ; les autres
ont pris pour règle de conduite *l'autorité de la
chose jugée*, c'est-à-dire l'autorité épiscopale exa-
minant la chose dans une commission nombreuse,
et permettant d'en publier les documents , sans
toutefois se prononcer encore sur la *surnaturalité*
d'une véritable apparition.

Mais il est une autre classe d'opposants qui se
trahit elle-même par ses actes. Celle-ci n'a que peu
ou point étudié le Fait, ou ne l'a étudié qu'avec pré-
vention et avec une volonté presque arrêtée de le
trouver faux ; elle ne tient compte ni des preuves qui
l'entourent, ni du nombre et de la sagesse de ceux qui
le défendent ; elle se fait un mérite de l'attaquer en

toute occasion ; elle assemble autour de lui les
nuages de la subtilité et de la chicane ; elle ne craint
ni de scandaliser les cœurs droits, ni d'employer
contre lui la méthode et les sophismes dont les incrédules se servent pour combattre la religion. En
un mot, elle déploie contre le fait de la Salette un
luxe de zèle qu'elle devrait tenir en réserve contre
des erreurs bien autrement dangereuses. Tout est-
il donc perdu pour la religion , parce que dans la
vue de donner satisfaction à l'empressement des peuples, l'Autorité épiscopale, sans se prononcer encore
sur le fond même de l'apparition , a permis de dire
la messe sur la montagne, et approuvé un *Rapport* et des *Documents* sur cet événement, a vu
avec plaisir un concours soutenu, édifiant, nom-
breux, et fondé d'ailleurs sur une opinion regar-
dée par tant de bons esprits comme grave, vraie,
et que rien jusqu'ici n'a pu infirmer. Toute la
question est là pour les opposants de bonne foi ;
les autres combattent sur un autre terrain, et blâ-
ment hautement ce qu'on a fait, et pour les con-
tenter , il aurait fallu condamner le Fait dès sa
naissance , au risque de se mettre en opposition
avec le ciel.

Examinons maintenant les effets de ce long dé-
chaînement, de ce cri général de réprobation contre
la Salette : les âmes simples et droites en ont été
plus ou moins ébranlées ; d'autres plus fortement
trempées se sont adressées à Celui qui commande
aux vents et aux tempêtes , et à Celle que l'Eglise
invoque comme ayant triomphé de toutes les erreurs.

Mais les défenseurs éclairés du Fait se sont rappelés cet oracle de saint Jean Chrysostôme : *La vérité a besoin de contradiction; la contradiction est un creuset d'où la vérité sort plus pure et plus radieuse.* En même temps, ils ont été bientôt pleinement rassurés en voyant de quelles armes se servaient leurs adversaires , à quels auxiliaires ils ouvraient leurs rangs.

En effet, est-il permis d'attaquer un fait quelconque par des faussetés , par des bruits sans consistance , par des sophismes et autres moyens réprouvés par la conscience humaine? Est-il permis de remplacer la discussion sérieuse des preuves qui l'entourent par des qualifications odieuses et par des injures lancées gratuitement à la face de ceux qui l'admettent? Ne sont-ce pas là les raisons de ceux qui n'en ont point?

Mais venons au fameux article contre la Salette. C'est un tissu assez serré d'insinuations malignes et calomnieuses, d'allégations fausses, de sophismes adroits ; c'est le résumé succinct et habilement compassé de tout ce qui s'est débité, dans ces derniers temps , de plus méchant contre le Fait. Pour le réfuter, il nous a fallu recourir à la voie du commentaire, comme la plus propre à faire ressortir une à une ou les beautés renfermées dans un ouvrage d'esprit, ou les faussetés accumulées dans un pamphlet. Cet article restera dans les annales de la Salette comme un monument destiné à perpétuer le souvenir des assauts dont elle aura triomphé. Encore une pièce ou deux de cette valeur, et qui voudra avoir été de l'Opposition : *Quis numen Junonis adoret ?* Encore une pièce ou deux de cette valeur, et les serviteurs de Marie pourront s'écrier : *Salutem ex inimicis nostris,* le salut nous est venu de nos ennemis !

ARTICLE PUBLIÉ A LYON LE 28 JANVIER 1851.

(Les chiffres indiquent les renvois au commentaire.)

---

(1) Depuis quelques années on a beaucoup abusé des miracles, au grand détriment de la Religion, qu'on ne peut cependant rendre responsable de toutes les sottises qui se commettent en son nom.

(2) Entre tous les faits surnaturels, inventés pour surprendre la bonne foi des esprits encore plus candides que pieux, il faut citer le fameux événement de la Salette, dont la lithographie et la librairie se sont emparées et qu'elles ont exploité à des millions d'exemplaires.

(3) On se rappelle que le 19 septembre 1846, deux très-jeunes bergers descendant des montagnes de la Salette, déclarèrent à tout venant que la Vierge venait de leur apparaître, belle, radieuse, et qu'après leur avoir donné des conseils, adressé des exhortations et même prophétisé l'avenir, la Mère du Seigneur s'était élevée dans les cieux à leurs yeux éblouis.

(4) Ce récit trouva créance au milieu d'une population simple et pieuse ; (5) les bonnes âmes le répan-

dirent d'abord ; (6) l'intrigue l'exploita ensuite à son profit , (7) et finalement , la vision des deux petits bergers passa à l'état de miracle, avec approbation de Monseigneur l'Evêque de Grenoble, vieillard nonagénaire qui , par suite de son grand âge , administre son diocèse *in partibus*. (8) Une chapelle fut élevée sur le lieu où la Vierge était apparue aux petits bergers ; (9) un prêtre fut désigné pour la desservir, (10) et recevoir les offrandes des fidèles ; (11) les livres contenant le récit du miracle furent approuvés ; (12) les médailles frappées en son honneur furent bénies ; (13) enfin , le doyen des chanoines du diocèse de Grenoble fut chargé de présenter à l'approbation du concile provincial de Lyon un Office particulier en l'honneur de Notre-Dame de la Salette , (14) laquelle devint une véritable providence pour le bourg de Corps, où les pèlerins abondaient de toutes les parties de la France et même de l'étranger , non sans y laisser beaucoup d'argent.

(15) La représentation de cette ridicule comédie a pu durer pendant plusieurs années , (16) et probablement le dénouement serait encore à se faire attendre, si les premiers auteurs du *scenario* n'eussent été dirigés il y a quelque temps vers le vénérable curé d'Ars , (17) auquel , bien malgré lui , on fait faire aussi beaucoup de miracles , (18) et , confus et humiliés , ne lui eussent avoué la vérité, c'est-à-dire que la Vierge Marie ne s'était nullement révélée à eux ; (19) qu'ils avaient inventé une fable absurde sans penser au succès que devait obtenir le fruit de leur imaginative. (20) Procès-verbal de leurs aveux fut dressé immédiatement. (21) L'archevêché de Lyon , ayant à son tour interrogé les petits bergers , (22) a , dit-on , acquis la preuve de la sincérité de leur rétractation.

(23) Nous croyons pouvoir ajouter que le prélat , dont l'autorité en matière de foi , a servi à propager

l'imposture, a été supplié de protester contre l'abus qu'on a fait de son nom ; (24) mais, jusqu'à présent, rien n'a été arrêté pour mettre un terme à une superstition profitable aux intérêts de beaucoup d'industriels de tous genres. (25) L'intérêt bien entendu de la Religion exige cependant que les gardiens du dogme, les véritables dépositaires de la foi, s'interposent entre l'erreur et la vérité. (26) Les sentiments religieux sont déjà assez affaiblis au sein de notre société, pour qu'on ne vienne pas, par d'indignes supercheries, dont le temps a, du reste, toujours raison, faire rejaillir sur le prêtre et sur la Religion elle-même, la déconsidération qui s'attache toujours au mensonge.

A la simple lecture de cette pièce, tout homme sensé et religieux a deviné de quelle source elle émane. Elle n'est point, elle ne peut être l'œuvre de cette Opposition sage, modérée, consciencieuse, qui a étudié le Fait de la Salette, qui en a examiné les preuves, qui en suit avec attention les développements, et qui, surtout, tient compte du nombre, de l'autorité et du mérite de ses défenseurs et de ses partisans. Elle cherche la vérité, elle veut la lumière ; elle reconnaît la compétence d'un tribunal pour prononcer sur cette grave affaire ; mais pour le croire, elle veut, elle attend un jugement définitif. Respect donc à cette Opposition ; elle s'unit à nous pour détester l'œuvre de mensonge et de ténèbres que nous allons dévoiler. Jamais, pour combattre un événement qu'ils ne veulent admettre qu'à bon escient, les Opposants raisonnables ne s'abaisseraient à ramasser dans la boue les armes dont se servent les incrédules pour attaquer la Religion et ses ministres.

PETIT COMMENTAIRE

EXTRAIT D'UN PLUS GRAND.

NOTA. En réduisant à sa valeur ce factum contre le Fait de la Salette, nous aurons du même coup fait justice des commentaires passionnés qui en ont accompagné la reproduction dans les journaux.

---

(1) *Depuis quelques années, on a beaucoup abusé des miracles, au grand détriment de la Religion, qu'on ne peut cependant rendre responsable de toutes les sottises qui se commettent en son nom.*

Admirable préface ! qui semble nous promettre de nombreuses révélations, mais qui n'est mise en avant que pour nous dénoncer un seul Fait qu'on n'aime pas, qu'on ne croit pas et qu'on n'a peut-être jamais étudié sérieusement. Depuis plus de quatre ans, des hommes graves, instruits, distingués par leur rang dans l'Église ou dans la Société, étudiaient ce Fait ; ils le soumettaient à un examen sévère et consciencieux. Un *Rapport* long et longuement discuté dans une Commission épiscopale, avait été mis sous les yeux de l'Épiscopat entier et du public éclairé. De *Nouveaux Documents* avaient été publiés ensuite ; tout le monde avait lu ou avait pu lire les preuves du Fait. D'où vient donc ce hourra terrible, ce *tolle* universel qui s'élève de toutes parts depuis deux mois ? Qu'y a-t-il donc de nouveau ? Nous le verrons bientôt. — *On a beaucoup abusé des miracles.* Peut-être. Mais s'il y en a, mais s'il plaît à Dieu d'en faire ! Son bras est-il donc raccourci ? Et s'il plaît à Dieu d'en opérer en plein dix-neuvième siècle, faudra-t-il n'en pas parler par respect pour l'incrédulité ou pour l'ignorance ? Et ceux qui crient le plus contre les miracles, ne seraient-ils, par hasard, précisément ou ceux qui les rejettent tous, ou ceux qui craignent qu'il n'y en ait de véritables, ou ceux qui peu instruits de la Religion s'imaginent que les miracles ont cessé d'être la preuve toujours subsistante, toujours simple et palpable de la vérité de ce qui se croit et se pratique dans l'Eglise ? S'il n'y avait pas perpétuité de miracles dans l'Eglise, pourquoi de temps en temps des canonisations de saints ? En 1807 et 1839, dix bienheureux ont été inscrits au catalogue des Saints ; chacun d'eux avait fait au moins quatre miracles bien constatés par la congrégation des Rites. La vision de M. Ratisbonne n'a-t-elle pas été déclarée miraculeuse, le 3 juin 1842, cinq mois après qu'elle avait eu lieu ? — *Qu'on* (la Religion) *ne peut cependant rendre responsable de toutes les sottises qui se commettent en son nom.* D'accord : elle ne sera jamais responsable ni des sottises qui se commettent en son nom, ni des faussetés qu'on débite en se couvrant de son voile. Cette préface n'étant mise en avant que pour atteindre le Fait de la Salette, nous disons à l'auteur qu'il s'agit ici pour lui d'établir trois choses : 1° que le Fait de la Salette est une *sottise ;* 2° une *sottise* qui se commet au nom de la Religion ; 3° et de prouver ces deux choses, autrement que par des moyens contraires à la vérité. S'il le fait, nous nous rangeons de son côté.

(2) *Entre tous les faits surnaturels, inventés pour*

surprendre la bonne foi des esprits encore plus candides que pieux, il faut citer le fameux événement de la Salette, dont la lithographie et la librairie se sont emparées et qu'elles ont exploité à des millions d'exemplaires.

Le Fait de la Salette inventé. Vous l'avancez dogmatiquement, mais prouvez-le donc. Depuis plus de quatre ans, les Opposants n'ont pu le faire; force leur est de convenir que les deux bergers n'ont ni inventé ni pu inventer leur récit, ni le donner absolument de la même manière, quoique séparés l'un de l'autre dès le lendemain de l'apparition. Quand elle essaie ensuite d'établir que ces deux enfants ont été trompés, l'Opposition est encore plus mal inspirée; elle suppose l'intervention d'un physicien, d'un jongleur, d'un magnétiseur, d'une bohémienne, ou même du diable, à notre choix; mais de preuves tant soit peu plausibles, elle n'en fournit aucune. Le récit du Fait ne s'explique que par la vérité même du fait, ainsi que l'écrivait un des hommes les plus graves de France, Mgr Dupanloup (Voyez sa lettre dans les *Nouveaux Documents sur la Salette*, pag. 73 et suiv.). Plus hardi, l'auteur de l'article affirme le contraire, mais en se dispensant de fournir des preuves.

(3) *On se rappelle que le 19 septembre 1846, deux très-jeunes bergers descendant des montagnes de la Salette, déclarèrent à tout venant que la Vierge venait de leur apparaître, belle, radieuse, et qu'après leur avoir donné des conseils, adressé des exhortations et même prophétisé l'avenir, la Mère du Seigneur s'était élevée dans les cieux à leurs yeux éblouis.*

Ici je vous arrête tout d'abord. Vous convenez de la *très-grande jeunesse* des deux bergers, mais

convenez aussi de leur ignorance, de leur gros-
sièreté; convenez qu'ils ne savent ni lire ni écrire,
qu'ils ne sont jamais allés à l'école, rarement à
l'église, qu'ils ne connaissent que le patois de leurs
montagnes... Et dites-nous comment au bout d'un
quart d'heure, ils ont pu savoir imperturbablement
l'un comme l'autre, séparés ou réunis, un récit
long et circonstancié, décrire de la même manière
une apparition et une disparition, s'imposer un
secret qui sera pour eux un embarras continuel,
et se prémunir dès lors contre tous les piéges qui
leur seront tendus pour les faire tomber en contradiction? Non, jamais pareil phénomène moral
ne s'était encore présenté : c'est un roc contre lequel viennent se briser la curiosité des uns et la
sagacité des autres; c'est une énigme dont on
cherchera vainement le mot en dehors de la vérité
d'une apparition.

Il est faux ensuite qu'ils aient *déclaré à tout venant*
et en étourdis ce qu'ils avaient vu et entendu. Ils n'en
parlèrent qu'avec émotion à leurs maîtres respectifs,
ensuite au maire, et le lendemain au curé de la
Salette. Depuis ils n'en ont parlé et n'en parlent
qu'à ceux qui les interrogent. Jamais ils n'en ont
parlé qu'avec respect et gravité; jamais ils n'ont
amusé de leur récit les autres enfants. Tout le
monde connaît leur imperturbable assurance à résoudre des milliers de difficultés qui leur ont été
faites par d'innombrables scrutateurs.

C'est ici le lieu de résoudre une objection sans
cesse renouvelée, quoique déjà résolue par ce que
nous avons dit page 87 du *Rapport* et page 49 des
Nouveaux Documents. On ne se lasse donc pas de
répéter : *Pourquoi la belle Dame* (qu'on suppose
être la sainte Vierge), a-t-elle parlé aux bergers

moitié en français et moitié en patois, et pourquoi a-t-elle paru ne pas savoir d'avance que les deux petits n'entendaient que peu ou point le français?

Selon *nous*, le langage de la belle Dame est une preuve de la vérité de l'apparition ; selon de *bons croyants*, c'est une difficulté ; selon les *opposants*, c'est une grave difficulté ; enfin selon le *Patriote* et ses échos, c'est un coup de massue qui assomme le fait, et dont il ne pourra jamais se relever.

REPRENONS. 1º La belle Dame en parlant français a rendu les deux petits pâtres plus attentifs, plus disposés à ne pas la prendre comme une femme du pays, comme une paysanne déguisée, à la regarder comme un être extraordinaire ;

2º Si la belle Dame est de Corps ou des environs, comment est-elle restée inconnue depuis quatre ans? Et si elle n'est pas de Corps ou des environs, comment en a-t-elle parlé le patois?

3º Les enfants n'ont entendu le discours de la Dame qu'une *seule fois*, l'entretien n'a duré qu'*un quart d'heure* environ. Jusque-là, ces petits êtres grossiers et ignorants n'avaient pu apprendre deux lignes de catéchisme. Eh! bien, comment ont-ils retenu sur-le-champ, pour le répéter ensuite toujours et imperturbablement, non-seulement la partie qui étant en patois, fut comprise par eux, mais encore la partie française dont ils ne comprirent pas un mot et dont ils furent obligés de demander plus tard l'explication? Ce discours fait deux pages in-douze. V. *Rapport*, pages 64 et suivantes. Comment est-il resté gravé en caractères désormais ineffaçables dans l'ingrate mémoire de chacun des deux enfants? Qu'on explique ce phénomène, si la belle Dame n'est pas un être surhumain. Je fais appel à tous les Opposants : Vous avez lu ce discours de la Dame plusieurs fois ; vous en comprenez la partie française, vous n'en comprenez pas très-bien la partie qui est en patois. Ayez la bonté de relire encore une fois et posément tout ce discours : et je parie cent contre un, qu'avec votre bonne mémoire et votre intelligence parfaite, vous ne répéterez pas sans un grand nombre d'hésitations, d'inversions et d'omissions, non-seulement la partie qui est en patois, mais même celle qui est purement française.

4° La phrase qui fait difficulté : *Ah ! mes enfants, vous ne comprenez pas, je m'en vais le dire autrement,* (RAPPORT, p. 55 et 66), prouve-t-elle l'ignorance de la belle Dame? Ne prouve-t-elle pas plutôt son extrême bonté et même une connaissance surnaturelle de ce qui se passait dans l'intelligence étroite des petits auditeurs? Elle paraît, au contraire, le deviner et prévenir la question que Mélanie allait adresser à Maximin. En effet, au *moment* même où Mélanie *allait dire*, p. 55, au *moment* où elle *commençait* à demander, p. 65, c'est à ce *moment* que cette Dame intelligente continue son récit en patois;

5° Après ce que nous venons de dire, la difficulté, s'il y en a encore, disparaît, si on réfléchit que tout repose sur la toute petite différence qui existe entre ces mots de Mélanie : *j'allais dire à Maximin*, et ceux de Maximin : *Mélanie commençait à me demander :* différence presque imperceptible et qui n'est qu'une variante si commune dans la bouche ou sous la plume de deux auteurs, *même inspirés*, qui rapportent le même fait ou le même discours. Nous pouvons ajouter que, quoique le fond du récit nous paraisse *inspiré*, les deux enfants n'ont pas été *inspirés* pour le choix de chaque mot. Et de là les fautes grammaticales qui se rencontrent dans leur récit et qui très-probablement ne se sont pas trouvées dans la bouche de la belle Dame ;

6° Aussi pour tirer parti contre la vérité de l'Evénement de la Salette et en conclure hardiment la fausseté, le *Patriote des Alpes,* oubliant toutes les autres preuves, se contente-t-il de prêter à la belle Dame des expressions grotesques et un ton burlesque, qui sont entièrement de son invention, et que ne goûteront jamais les amis de la vérité. — Et c'est ainsi que les incrédules ont essayé de transformer en objections plusieurs preuves de la Religion.

Terminons par une réflexion d'un de nos amis. Il nous écrit :

« Grâce aux mouvements que se donnent les
» adversaires du Fait, c'est une affaire décidée,
» Dieu n'aura plus le droit de faire des prodiges
» qui humilient notre orgueil et nous font recon-
» naître notre petitesse. Il faut de plus grandes
» choses de la part du ciel. De quoi se mêle-t-il
» aussi? Venir sur la terre pour nous dire par la
» bouche de sa Reine que le blasphème est un
» crime, que la profanation du dimanche soulève
» la colère de Dieu! Encore si la bonne Vierge
» avait parlé en style *Montalembert,* ce serait plus
» agréable; mais en style de berger : fi donc ! »

(4) *Ce récit trouva créance au milieu d'une population simple et pieuse.* Ici deux ou trois faussetés. Le récit ne trouva créance ni auprès de tous ni tout de suite. A l'heure qu'il est, quelques-uns, quoique en petit nombre, n'y croient pas encore; et, chose remarquable : ce sont précisément ceux qui ont une plus large part aux bénéfices du

pélerinage : d'où quelques Opposants ont conclu, sans autre examen, que les habitants ne croyaient pas eux-mêmes à l'apparition et ne s'étaient pas convertis, argumentant ainsi du particulier au général, selon une méthode familière aux incrédules.

Il est faux que les habitants des montagnes soient aussi *simples* qu'on le suppose ; et, s'ils n'ont pas des connaissances transcendantes, ils ont un *bon sens sûr*, qui, dans l'examen qu'ils firent les premiers des deux pâtres nés au milieu d'eux, jugea avec certitude que ces petits êtres chétifs n'avaient nullement fabriqué leur récit.

Il est encore plus faux que ces populations fussent *pieuses*. Il y avait chez elles désertion du lieu saint, travail les dimanches, habitude du blasphéme..... Depuis l'apparition, ils remplissent les églises, ne travaillent plus le dimanche, ont perdu la triste habitude de blasphémer, ils font leurs Pâques. Ajoutons qu'ils ont été les premiers pèlerins de la Salette, sans se douter le moins du monde que leurs montagnes se couvriraient plus tard d'innombrables étrangers. Voilà la vérité ; voilà ce qui est de notoriété publique.

(5) *Les bonnes âmes le répandirent d'abord.* Qu'entendez-vous par ces mots ? Vous entendez sans doute les bons chrétiens, les chrétiens de croyance et de pratique. Mais, par hasard, prendriez-vous tous les vrais chrétiens pour un troupeau d'imbéciles ? Pour être bon chrétien, est-on dépourvu de sens, de jugement, de lumière ? Les bons chrétiens sont précisément ceux qui ne veulent ni se tromper, ni tromper les autres. De *bonnes âmes* n'ont-elles pas le droit de dire ce qu'elles ont vu et entendu ? Les bons chrétiens, parce qu'ils sont

de *bonnes âmes*, ne méritent-ils aucune créance? Les saintes femmes auxquelles N.-S. ressuscité se montra d'abord, étaient sans doute de ces *bonnes âmes* qui ne devaient pas être crues! Pour combattre la Salette, vous recourez donc toujours aux armes de l'incrédulité.

(6) *L'intrigue l'exploita ensuite à son profit.* Assertion sans preuves. Une intrigue est une abstraction qui se prend ici nécessairement pour des intrigants. Or, où sont ces intrigants? Quel profit ont-ils retiré de leur intrigue? Autant de questions faites depuis longtemps et qui attendent encore leurs réponses. Les Opposants actuels sauront-ils y répondre mieux que leurs devanciers?

(7) *Et finalement, la vision des deux petits bergers passa à l'état de miracle, avec approbation de Monseigneur l'Evêque de Grenoble, vieillard nonagénaire qui, par suite de son grand âge, administre son diocèse* IN PARTIBUS.

Ici, autant de faussetés, pour ainsi dire, que de mots, et de plus une insulte grossière et calomnieuse jetée gratuitement à la face du Doyen de l'épiscopat français.

C'est une fausseté que la vision des deux petits bergers *ait passé à l'état de miracle.* Cette vision n'a eu, dès son origine, un si grand retentissement dans notre France et à l'étranger, que parce que dès les premiers jours elle parut extraordinaire, merveilleuse et inexplicable sans une intervention divine. Ainsi en jugèrent les savants, les hommes graves, prêtres, avocats, magistrats, et une infinité de personnes judicieuses accourues de plusieurs centaines de lieues pour s'assurer par elles-mêmes du fait.

C'est une autre fausseté que le vénérable Évêque

ait donné jusqu'ici un seul signe d'approbation au *Fait en lui-même*, qu'il l'ait déclaré *surnaturel* et *miraculeux*. Au bout de deux ans d'attente, de recherches consciencieuses, de renseignements pris sur les lieux et ailleurs, de voyages entrepris par son ordre, le Vénérable Prélat forma une commission de seize membres, la présida en personne dans huit séances consécutives, y fit lire, examiner et discuter longuement un Rapport sur toute l'affaire de la Salette. Les deux bergers comparurent à l'Evêché et subirent séparément un long et minutieux interrogatoire. Et, quoique de toutes parts les regards fussent tournés vers la ville d'où devait partir la lumière, malgré les instances des uns et les plaintes des autres, ce ne fut que cinq ou six mois après que parut le *Rapport,* avec l'approbation du vénérable Evêque ; mais approbation qui, sans dire un mot *du miracle même de l'Apparition*, laisse au lecteur pleine liberté d'en juger, d'y croire ou de n'y pas croire. Deux ans après, en 1850, un second volume faisant suite au premier parut aussi muni d'une approbation du même prélat, qui y laisse percer à la vérité sa croyance *personnelle* sur le Fait, et son désir *tout personnel* de voir s'élever un nouveau sanctuaire en l'honneur de Marie sur une montagne depuis tant d'années couverte d'innombrables et pieux pèlerins. Ces deux approbations tombent donc sur les livres constatant le Fait et ses suites, mais *non sur la vision que le prélat aurait fait passer à l'état de miracle.* Il n'y a que l'auteur de l'article qui ait pu se méprendre sur le sens de ces deux approbations, lesquelles tranchent si peu la question du miracle de l'Apparition, que beaucoup de personnes graves sont venues depuis supplier instamment le Prélat de s'expliquer doctrinalement sur cette Apparition ; mais jusqu'ici le Prélat a résisté à toutes les instances.

D'ailleurs, en permettant ces publications faites sur les lieux, l'Evêque de Grenoble répondait à des sollicitations qui lui arrivaient de toutes parts ; il livrait sagement le Fait avec ses preuves à l'appréciation du public éclairé ; il donnait à ses vénérables collègues connaissance pleine et entière de ce qui s'était passé, et leur fournissait les matériaux nécessaires pour asseoir et même pour manifester, s'ils le jugeaient convenable, leur jugement sur cette grave affaire. En un mot, l'Evêque de Grenoble mettait au jour les pièces du procès, mais il ne portait encore aucun jugement ; et, dans le cas où il en porterait un, il serait heureux de connaître d'avance les vœux des fidèles et l'opinion de ses vénérables collègues. Peut-il y avoir une conduite plus sage, plus mesurée, plus digne d'un évêque, *gardien du dogme et véritable dépositaire de la foi*, suivant les expressions de l'article lyonnais.

Mais les Opposants, gênés par ces approbations données à des *livres* et non au *Fait*, leur théologie ne s'élevant pas apparemment jusqu'à distinguer entre ces deux choses, les Opposants, dis-je, voulant mal de mort à ce *maudit Fait*, et voulant en finir à tout prix avec lui, n'ont rien trouvé de mieux que de chercher à *tuer moralement* le vénérable Prélat par la voie de la presse, en faisant imprimer cette noire et calomnieuse méchanceté : *Vieillard nonagénaire qui, par suite de son grand âge, administre son diocèse* IN PARTIBUS. Le clergé et les fidèles du diocèse ont frémi d'indignation en voyant cette abominable insulte faite à leur vénérable Evêque qui est, lui aussi, un des *gardiens du dogme et des véritables dépositaires de la foi*, pour lesquels l'auteur de l'article semble professer un profond respect. Apprenez donc, Messieurs, qu'il est de notoriété publique, dans tout le diocèse de Grenoble, que le prélat que vous insultez ainsi n'est point *nonagénaire*; et si Dieu le conserve jusqu'à l'âge que vous lui supposez, faute d'avoir pris la peine d'ouvrir un *almanach du Clergé*, nous jouirons encore pendant un bon nombre d'années des bienfaits de sa paternelle administration. Apprenez qu'il administre toujours par lui-même, qu'il fait lui-même ses mandements, ses lettres pastorales, ses circulaires; apprenez qu'il correspond directement avec ses curés, ses communautés religieuses, ainsi qu'avec ses vénérables collègues; qu'il est chaque jour au travail dès les quatre heures du matin; qu'il écrit ou dicte journellement quinze à vingt lettres, et qu'enfin les étrangers, évêques, prêtres et laïques, après lui avoir fait visite, ne savent dire ce qui les a le plus frappés, ou du bienveillant accueil qu'ils en ont reçu, ou de la verdeur de son âge, ou de la vigueur de son esprit. Que diront ces honorables visiteurs à la vue de ces lignes mensongères? A-t-on conçu l'espérance d'en imposer à un diocèse de 600,000 âmes, et à toute la France où le Prélat a des amis, des connaissances et surtout des collègues avec lesquels il est nécessairement en relation d'affaires ou d'amitié? L'Opposition n'y a pas regardé de si près. L'Evêque de Grenoble a permis de publier le Fait de la Salette; donc il n'est plus en état de gouverner par lui-même son diocèse. Pour détruire plus sûrement le Fait abhorré de la Salette, on a cherché à anéantir le Prélat. Que dira la France de ce lâche procédé?

Quelques Opposants poussent l'inconvenance en ce moment jusqu'à lui opposer la sagesse de l'Archevêque d'Avignon. Celui-ci, au bout d'un mois seulement, publie l'avis d'une commission chargée par lui d'examiner le fait de saint Saturnin. On exalte jusqu'aux nues la sagesse de ce prélat, et nous nous associons volontiers à ce concert de louanges. Eh bien! en quoi le prélat de Grenoble est-il inférieur à son collègue d'Avignon? Monseigneur l'Archevêque d'Avignon, *au bout d'un mois*, se prononce contre un prétendu miracle; et Monseigneur l'Evêque de Grenoble, *au bout de quatre ans*, ne s'est point encore prononcé sur l'apparition de la Salette! A Avignon, on a le bonheur de découvrir au bout d'*un mois* diverses circonstances évidemment fausses ou suspectes, qui ne permettent pas de reconnaître *les caractères d'un vrai miracle* dans le fait de saint Saturnin, et l'Archevêque aussitôt de se prononcer. A Grenoble, au contraire, ce sont des milliers de bons juges accourus de toutes parts qui préviennent le jugement épiscopal. Mais nous entendons les Opposants s'écrier: il fallait condamner le fait dès son commencement. — Mais fallait-il s'exposer à rejeter un vrai miracle, une apparition surnaturelle? Fallait-il se prononcer de prime abord contre le fait, précisément parce qu'il sortait de l'ordre ordinaire? S'il eût présenté un côté évidemment faux ou suspect, comme celui de saint Saturnin, à la bonne heure! il fallait le réprouver de suite. Mais ce côté faux ou faible, des milliers de bons juges ne l'ont pas encore trouvé; il a donc fallu attendre, et dire avec Gamaliel: *Si cette œuvre vient des hommes, elle tombera d'elle-même.*

Mais pour faire passer l'insulte et le mensonge, il fallait les revêtir d'un petit trait d'esprit ; il fallait ajouter que l'Evêque *administre son diocèse* IN PARTIBUS. On a voulu dire apparemment que l'Evêque de Grenoble est aussi étranger à l'administration de son diocèse que s'il était évêque *in partibus,* c'est-à-dire que si le diocèse de Grenoble était situé dans le royaume de Maroc ou dans le Céleste-Empire. Mais ce que l'auteur de l'article prend pour une pointe d'esprit, pourra paraître à d'autres une phrase sonore dont il faut chercher le sens après qu'elle a été couchée sur le papier. En effet, pour dire qu'un évêque n'administre pas du tout, ou qu'il est hors d'état d'administrer, est-il synonyme de dire que cet évêque administre son diocèse *in partibus?* Que le faiseur d'articles consulte *Vaugelas* et son école ! Il n'est pas français de dire ou d'écrire des sottises ; mais, quand on fait tant que d'en dire ou d'en écrire, il faut le faire en français.

(8) *Une chapelle fut élevée sur le lieu où la Vierge était apparue aux petits bergers.* Oui, mais un an après l'événement ; mais pour le premier anniversaire de l'apparition et par mesure de prévoyance épiscopale, afin que 60,000 pèlerins ne manquassent pas la messe ce jour-là, qui était un dimanche. Mais cette chapelle n'était et n'est encore qu'une baraque faite en planches et couverte en paille ; mais, certes, cette chapelle n'a pas attiré les 60,000 pèlerins qui couvrirent la montagne ce jour-là, ni les 40,000 qui les avaient déjà précédés sur ce terrain sauvage et désert. Que l'auteur veuille bien nous expliquer ce concours prodigieux en dehors de la *réalité* de l'événement.

Au reste, la permission de dire la messe sur cette montagne n'est point une reconnaissance *canonique* du Fait, c'est seulement une facilité accordée à de pieux pèlerins accourus de toutes parts pour satisfaire une dévotion qui, depuis quatre ans, ne présente rien de désordonné, rien de superstitieux. Ne permet-on pas de célébrer en plein air pour une armée, ou pour un concours extraordinaire de peuples? En 1848, dans toutes les grandes villes de France, n'y eut-il pas des messes célébrées sur les places publiques ou dans les champs de Mars? — N'en déplaise aux Opposants, un sanctuaire pourrait être construit sur la montagne et autorisé par l'évêque, *sans qu'il se crût obligé de se prononcer définitivement sur l'événement.* Nous l'écrivions en 1848, page 224 du *Rapport.* M. Dupanloup écrivit en marge de notre manuscrit que nous lui avions soumis : *très-bien.* S. S. Pie IX veut que les pèlerins de la Salette *sachent qu'il les couvre de sa bénédiction apostolique,* et *il les remercie des prières qu'ils font en cet endroit pour sa personne sacrée,* (V. *Nouveaux Documents,* page 95). Mais, pour blâmer le pèlerinage de la Salette, est-il nécessaire d'être canoniste? Oh! non. Est-il nécessaire de tenir compte de l'autorité de l'Évêque? Non encore.

(9) *Un prêtre fut désigné pour la desservir.* Et il n'y en a point encore. Où logerait-il, où coucherait-il sur la montagne? C'est le curé de la paroisse qui, pour satisfaire la piété des pèlerins, est obligé de faire cette pénible ascension, souvent par des temps affreux, et de louer à cet effet un guide et une monture. Et si un pèlerin veut le dédommager de sa peine et l'indemniser de ses dépenses, dès lors ils doivent être marqués l'un et l'autre du stigmate d'*industriels* de par notre fournisseur d'articles.

(10) *Et pour recevoir les offrandes des fidèles.* Oui,

Monsieur, comme on en reçoit à *Fourvière*, au *Laus*, à l'*Osier* et partout où il y a des pèlerinages établis. Ces offrandes sont toutes spontanées, jamais extorquées; on en rend compte à l'Evêque; elles servent ailleurs à l'entretien, à la restauration, à l'embellissement de ces pieux asiles. Ici ces offrandes tourneront aussi à leur destination, quand Marie aura rendu vos clameurs impuissantes. Si le journalisme eût existé au moment où s'élevaient les sanctuaires de Fourvière, du Laus, de l'Osier, il eût fait le métier qu'il fait aujourd'hui; aurait-il raison maintenant?

(11) *Les livres contenant les récits du miracle furent approuvés.* Ceux qui les ont lus n'ont pas trouvé l'approbation déraisonnable ni dépassant les limites du pouvoir épiscopal, juge compétent en cette matière. Les livres n'ont créé ni l'apparition ni le pèlerinage; ils les ont constatés comme des faits existants depuis deux et quatre ans. On veut faire illusion aux simples en leur faisant prendre l'effet pour la cause. Ruse philosophique connue.

(12) *Les médailles frappées en son honneur furent bénies.* (Par respect pour la grammaire, dites *bénites*.) Jamais les médailles n'ont été commandées ni autorisées par l'Evêché; mais l'Eglise a des bénédictions pour tout ce dont on n'abuse pas, à plus forte raison pour tout ce qui de sa nature peut porter à la piété. On bénit des médailles, des croix, des chapelets, des images, etc., partout, à Fourvière, au Laus, à l'Osier, à Lorette, à Einsideln, etc.; et jusqu'ici cette pratique n'a été blâmée que par les protestants. Prouvez-nous que les personnes qui portent une médaille de la Salette sont devenues moins pieuses, moins charitables qu'elles ne l'étaient. Que les Opposants veuillent bien ré-

pondre aux questions suivantes : 1° Quelle loi défend de frapper des médailles, de les vendre, de
les acheter, de les expédier au loin? 2° Ce que la
loi ne défend pas, l'Evêque a-t-il le droit ou le
pouvoir ou le devoir de le défendre? 3° A-t-on
jamais obligé les journalistes ou autres incroyants
à faire le pèlerinage de la Salette, ou du Laus,
ou tout autre? à se procurer médailles ou images,
à les faire bénir, à les porter au cou? Ils peuvent
parcourir tous les pèlerinages de la chrétienté, et
nulle part les desservants d'un sanctuaire quelconque ne leur demanderont un centime. Que signi-
fient donc ces éternelles déclamations de la mauvaise foi? Un pèlerinage vous déplaît? Eh bien!
n'y allez pas, et ne vous courroucez pas contre
ceux à qui il plaît d'y aller.

(13) *Enfin, le doyen des chanoines du diocèse de
Grenoble fut chargé de présenter à l'approbation du
Concile provincial de Lyon un office particulier en
l'honneur de Notre Dame de la Salette.*

Plus on avance, plus il faut contenir son indignation. Nous avons eu l'honneur d'être membre
du Concile provincial de Lyon, et nous savons
pertinemment ce qui s'y est passé. M. le doyen
des chanoines avait composé un *Office de la Sainte
Vierge* calqué sur le rit Viennois : il l'avait fait à
la demande de plusieurs personnes pieuses. Cet
office est de pure dévotion; il n'est obligatoire
pour personne; il n'est ni défendu ni recommandé :
l'auteur l'a composé à ses risques et périls. Mais
jamais il n'a été *chargé* par qui que ce soit d'en
demander l'approbation au Concile; jamais il n'a
eu la pensée *de la demander en son nom.* Deux faussetés accolées l'une à l'autre. Seulement il offrit son
livre comme *hommage d'auteur* à quelques membres
du Concile ses amis. Si le faiseur d'articles a écouté

aux portes de la vénérable assemblée, il a bien mal entendu; et s'il n'a pas écouté, comment sait-il ce qui s'y est passé? — M. le Doyen repousse la double calomnie moins pour lui-même que par l'horreur que lui inspire une insinuation maligne contre le vénérable Prélat du diocèse. — Si l'auteur n'avait pas eu le malheur de répéter en quelques mots latins ce que d'autres avaient publié plus longuement en français, il échappait aux Argus de l'Opposition.

(14) *Laquelle* (N. D. de la Salette) *devint une véritable providence pour le bourg de Corps, où les pèlerins abondaient de toutes les parties de la France ou même de l'étranger, non sans y laisser beaucoup d'argent.* Toujours insinuations perfides, toujours confusion des temps et des choses; toujours les effets mis à la place de la cause véritable et introuvable sans *la Vérité de l'Apparition;* toujours cette supposition, réchauffée de l'impiété, que la cupidité est l'unique mobile des pèlerinages.

Reprenons avec patience, s'il est possible. 1° *Insinuations perfides:* c'est l'Evêque de Grenoble et son clergé qui ont tout fait dans le pèlerinage : livres publiés, médailles fabriquées, bénites et distribuées, etc.; 2° *confusion des temps et des choses :* tous ces moyens ont été employés en même temps, dès le commencement du récit des bergers, par le clergé, par les bonnes âmes, le tout pour attirer des pèlerins des quatre coins du monde; 3° *les effets mis à la place des causes:* la vraie cause, la cause première, c'est le récit des bergers; les pèlerinages, les livres, les médailles, etc., sont venus après comme conséquences, comme résultats; 4° *cupidité donnée comme mobile des pèlerinages.* Il est certain que la cupidité peut abuser des pélerinages, qu'elle en abuse parfois, et sans être prophète, on peut ajouter qu'elle en abusera encore. Mais l'abus d'une chose sainte en prouve-t-elle la fausseté? mais les abus doivent-ils faire supprimer la chose? mais les abus inhérents à une chose en détruisent-ils le bien? Faut-il supprimer Fourvière et les cent mille confessions et communions qui s'y font annuellement, parce qu'un marchand me vend une médaille un peu trop cher, parce qu'un faux mendiant m'accroche un sou? Un protestant avait donc raison de déclamer contre le pélerinage de l'Osier, parce qu'un pèlerin, ou un touriste pris pour tel, avait volé, chemin faisant, une ou deux grappes de raisin, etc., etc. Il faudra aussi supprimer les sacrements parce que quelques-uns les profanent ; les lois les plus saintes, parce qu'il y a des infracteurs, etc. D'ailleurs, est-ce un abus que de pauvres montagnards trouvent dans un pieux pélerinage ce que le sol ingrat ne leur fournit pas? Est-ce un abus de loger et d'abriter des pèlerins venus de loin? Est-ce un abus de leur fournir les moyens de s'élever avec moins de fatigue jusqu'aux sommités des Alpes? Ne faut-il pas plutôt admirer et bénir l'auguste Marie, qui, en se montrant, par exemple, au centre des montagnes de la Suisse, à Einsidlen, canton de Schwitz, et y attirant des milliers de pèlerins, procure à six mille pauvres habitants le moyen de vivre pendant douze mois de l'année dans un pays qui ne pourrait les nourrir pendant trois mois? Si l'auteur de la pièce était un peu philanthrope, un peu philosophe *humanitaire*, il bénirait une Religion qui, selon la belle pensée de Montesquieu, *fait le bonheur de l'homme ici-bas, quoiqu'elle ne paraisse l'occuper que de ses immortelles destinées.* Que le

petit bourg de Corps, que le pauvre et triste vil-
lage de la Salette continuent, comme ils le font
depuis quatre ans, à partager leurs tristes demeu-
res et leur pain noir avec une foule de pèlerins
pauvres, tandis qu'ils demanderont le juste prix
de ce qu'ils fournissent aux pèlerins riches, et il
n'y aura d'abus que dans l'imagination de certains
Opposants. — Disons enfin que si des abus véritables s'étaient glissés depuis quatre ans dans le pèlerinage de la Salette, notre vénérable Prélat,
*malgré son grand âge qui ne lui permet plus d'admi-
nistrer*, aurait bien su dans sa sagesse les arrêter
et en prévenir le retour. Les Evêques ne sont-ils
pas aussi les gardiens de la saine morale comme ils
sont les *vénérables dépositaires de la foi?*

(15) *La représentation de cette ridicule comédie a
pu durer pendant plusieurs années. Comédie ridicule*, selon vous; *fait très-grave* et digne d'attention selon d'autres qui l'ont examiné de près, qui
en ont étudié les preuves avec beaucoup de calme
et de sang-froid; *fait infiniment respectable* à en
juger par le bien qu'il a opéré, par les grâces spi-
rituelles et temporelles qui en ont été la suite; *fait
même surnaturel*, puisqu'en sa faveur militent des
miracles dont l'un, celui d'Avallon, reconnu tel
par jugement doctrinal de l'Archevêque de Sens;
dont d'autres sont au moins attestés par des personnes dont on ne peut suspecter la science, la
piété, la bonne foi.

*Ridicule comédie qui a pu durer pendant plusieurs
années*. Et oui, pendant plus de quatre ans, sans
que plusieurs centaines de mille témoins aient pu
découvrir que c'était une *ridicule comédie*. Et c'est
parce que ce fait est, d'après vous, une *comédie* et
une *ridicule comédie*, qu'il ne devait pas durer si

longtemps. Sa durée est déjà une forte présomption de sa vérité. Et s'il sort victorieux des coups redoublés que lui porte une certaine coterie dont vous vous faites l'écho, ne sera-ce pas une preuve de plus à ajouter à toutes celles qui militent en sa faveur? Continuez donc, Messieurs, à lui décocher tous les traits de la satyre, de la mauvaise foi, du mensonge, de la calomnie, et vous aurez contribué *à le faire passer*, selon votre expression, *à l'état de miracle*. Veuillez seulement relire ici la fable du serpent qui mord une lime.

(16) *Et probablement le dénouement serait encore à se faire attendre, si les premiers auteurs du scenario* (va pour ce mot qui prouve que vous savez parler italien à des gens qui n'entendent que le français) *n'eussent été dirigés, il y a quelque temps, vers le vénérable curé d'Ars.* Deux lignes, deux faussetés. Maximin seul a paru devant le curé d'Ars; Mélanie n'est venue à Grenoble que pour entrer au couvent de la Providence, où par une vie tout angélique, elle édifie ses jeunes compagnes et continue d'être un témoin irréprochable du fait de *la Salette*. *Première fausseté donc.*

Maximin *n'a point été dirigé à Ars;* il a été enlevé de Corps, et ensuite de Grenoble, et malgré la défense de Mgr l'Evêque, il fut entraîné à Lyon et à Ars par trois hommes respectables à la vérité, mais séduits et par d'aveugles partisans du prétendu Louis XVII, et par des enthousiastes d'un autre genre, qui tous prétendaient exploiter la Salette au profit de leurs rêves, et qui auraient entraîné l'enfant plus loin, si la Providence ne l'eût fait tomber heureusement entre les mains de M. l'abbé Bez. Les premiers voulaient que le fameux *secret* concernât leur héros, en faveur duquel on avait

déjà cherché à faire parler l'extatique de Niéder-
bronn ; tandis que les seconds se prétendent appe-
lés à faire de grandes choses à l'aide de Maximin.
Ce que nous avançons, nous le savons de science
certaine. Il y a donc eu dans le voyage d'Ars,
non une direction donnée à l'enfant, mais un
véritable *enlèvement de mineur*, cas prévu par le
Code pénal, et qui effraya tellement ceux qui s'en
étaient imprudemment chargés, qu'ils cherchè-
rent bien vite les moyens de se débarrasser de
Maximin et de disparaître eux-mêmes au plus
tôt. Nous pourrions donner ici des détails curieux
sur ce qui a précédé et suivi cet enlèvement ; nous
pourrions dire comment et par qui l'enfant fut
tout à coup présenté au fameux baron de Riche-
mont.... Ces Messieurs s'étaient plaints de la décision que le vénérable curé d'Ars avait donnée à
l'enfant de se remettre à la disposition de Monseigneur de Grenoble ; ils ne se vanteront pas de
l'habileté avec laquelle Maximin rompit l'entrevue,
dont ils avaient espéré pouvoir tirer parti en faveur de leur fétiche. Voilà donc le but du fameux
voyage d'Ars clairement exposé ; le fait de la Salette
n'y était pour rien. C'est la présence inattendue
de Maximin qui porta un Opposant connu à faire
une sortie aussi vive que peu concluante contre le
fait, et à apostropher l'enfant de manière à lui
faire perdre patience. *Eh bien ! oui ; dites tout ce
que vous voudrez ; dites que je suis un menteur, que
je n'ai pas vu la sainte Vierge....* Telle fut la réponse de Maximin à ces *gentillesses ;* ainsi avait-il
répondu d'autres fois à de pareils interpellateurs.
Et l'Opposant de réciter devant l'enfant et à ses
guides tous les lieux communs débités depuis quatre
ans, contre la Salette. *Deuxième fausseté donc.*

Quand on se fait imprimer à Lyon , et qu'on est aux portes d'Ars , on devrait un peu mieux étudier ce qu'on prétend faire accroire au public, de peur qu'il ne se trouve dans la foule quelqu'un qui vous jette à la figure le fameux *mentiris impudentissimè* d'Horace.

(17) *Auquel* (au curé d'Ars) *bien malgré lui* , *on fait faire aussi beaucoup de miracles* ; phrase incidente dont la malice saute aux yeux et qui contraste singulièrement avec le titre de *vénérable* que vous voulez bien lui accorder. Si le saint curé d'Ars faisait des miracles bien caractérisés, bien avérés, mettriez-vous aussi ces miracles *au rang de ceux dont on abuse depuis plusieurs années ?* Et le pèlerinage d'Ars ne pourrait-il pas, comme celui de la Salette, devenir, sous votre plume, une *ridicule comédie?*

(18) *Et, confus et humiliés* (les deux enfants de la Salette) *ne lui eussent avoué la vérité, c'est-à-dire que la Vierge Marie ne s'était nullement révélée à eux.* Remettons d'abord le singulier pour le pluriel : Maximin seul s'est laissé entraîner à Ars. Disons ensuite que Maximin ne s'est montré ni confus ni humilié; qu'il n'a point avoué la vérité, c'est-à-dire , la fausseté du récit qu'il fait depuis quatre ans. M. Bez vient de mettre dans tout son jour la fausseté de cette prétendue rétractation dans la petite brochure qu'il vient de faire imprimer à Lyon sous ce titre : *M. Vianay, curé d'Ars , et Maximin Giraud , berger de la Salette , ou la Vérité récupérant ses droits.* Lisez cette brochure, et vous verrez que la prétendue rétractation dont on fait tant de bruit, n'est qu'une fausseté de plus ajoutée à toutes celles que je suis forcé de relever. Cette fausseté se disait tout bas , on l'écrivait aux

frères et amis ; vous avez été plus hardi, et vous vous êtes chargé d'en amuser ou d'en scandaliser le public par la voie de la presse. En ce moment-ci, même, je reçois une lettre d'un de mes amis de Lyon, dans laquelle je lis : « *La chose qui s'est* » *passée à Ars, n'est qu'une épreuve, et une tempête* » *suscitée par le démon ; le fait de la Salette en sor-* » *tira plus éclatant.* » Ces belles paroles sont d'un *de ces gardiens du dogme, de ces véritables déposi-* *taires de la foi* ; d'un de ces prélats révérés de l'univers entier, en qui une piété tendre et une foi vive sont embellies et éclairées par une théologie sûre et profonde. Elles consoleront, elles rassureront les âmes timides qu'effraie en ce moment la tempête déchaînée par la presse et soufflée par l'Opposition.

(19) *Qu'ils* (les bergers) *avaient inventé une fable absurde sans penser aux succès que devait obtenir le fruit de leur imaginative.* Les bergers de la Salette, ou plutôt Maximin n'a pas dit une syllabe de ce qu'on lui fait dire à Ars. Si Maximin et Mélanie avaient inventé le récit de l'apparition, ne serait-ce pas le cas de dire avec Rousseau : *L'inventeur est plus grand que le héros;* l'apparition de la sainte Vierge sur la montagne est un fait au moins très-probable ; mais l'invention concertée entre les deux petits bergers est de toute impossibilité, et les Opposants *consciencieux*, les seuls qui soient respectables, sont de mon avis; et ils n'hésitent à admettre le fait que parce qu'ils croient que les enfants *ont été trompés.* Qu'il y ait eu un malen-tendu entre le vénérable curé d'Ars et Maximin, nous en sommes sûrs ; que le bon curé, absorbé par cette foule compacte qui l'assiége continuelle-ment dans l'église, au confessionnal et à la sacris-tie, et cela depuis une heure du matin jusqu'à

sept heures du soir, n'ait eu que le temps de faire une ou deux questions à l'enfant, sans avoir eu celui d'entendre ou de comprendre les réponses qui lui étaient données, nous l'affirmons. A quoi bon entrer dans des détails sur lesquels, disons-le hautement, l'Opposition prévenue trouverait encore le moyen de chicaner? Nous établissons donc, et nous allons prouver la proposition suivante :

MAXIMIN NE S'EST POINT RÉTRACTÉ A ARS, ET SUPPOSÉ SA RÉTRACTATION, LES PREUVES EN FAVEUR DE L'ÉVÉNEMENT DE LA SALETTE RESTENT TOUTES ENTIÈRES.

Raisonnons d'abord dans l'hypothèse d'une rétractation :

1º Maximin n'est pas seul témoin du Fait de la Salette ; Mélanie l'est de son côté ; elle est dans ses vingt ans et dans la maturité de l'âge ; sa conduite est édifiante, sa piété soutenue ; eh ! bien, Mélanie persiste plus que jamais dans tous ses dires ; elle atteste de vive voix et par écrit qu'elle a vu une belle dame qui, après lui avoir parlé, s'est élevée dans les airs et a disparu. Comment concilier cette persistance de Mélanie avec la rétractation de Maximin ?

2º Supposé que Maximin se fût rétracté, toutes les preuves du Fait de la Salette ne perdraient rien de leur force primitive ; tout ce qui a paru dans son récit d'inexplicable en dehors de la vérité, reste à expliquer. Il faut donc que Maximin, après avoir avoué qu'il a menti, explique comment il a imaginé son premier mensonge ; qu'il nous dise comment lui et Mélanie ont été ou *trompeurs*, en inventant ou en concertant leur fameux récit, ou *trompés*, en se rendant les complices aveugles, mais coupables d'une bohémienne, ou d'un prestidigitateur, ou d'un touriste quelconque. Depuis quatre ans, les adversaires de la Salette cherchent vainement à établir l'une ou l'autre de ces deux hypothèses ; ils peuvent le faire maintenant, Maximin s'est démenti ; il est à eux, il est des leurs. Malheureusement pour eux et heureusement pour les croyants, un mensonge fait à Ars est plus facile à expliquer d'une manière au moins plausible, qu'un premier mensonge inventé à la Salette.

3° Si Maximin s'est rétracté à Ars, son fameux *secret*, ce *secret* impénétrable, ce *secret* que la vue de l'or et de l'argent n'a pu lui arracher, ce *secret* serait aujourd'hui dévoilé ! Et cependant qui le connaît ?

4° Si Maximin s'est rétracté, comment expliquer que Dieu ait opéré et continue à opérer encore tant d'œuvres merveilleuses, soit dans l'ordre temporel, soit dans l'ordre spirituel, par l'intercession de la Sainte Vierge, invoquée sous le nom de Notre-Dame-de-la-Salette ? Tant de faits prodigieux seraient-ils de pures illusions auxquelles se seraient laissé entraîner des milliers de témoins irréprochables, ou Dieu aurait-il opéré des miracles en confirmation d'un mensonge qui devait plus tard être dévoilé ?

Mais non : MAXIMIN NE S'EST POINT RÉTRACTÉ A ARS.

1° *Maximin s'est rétracté*, dit-on, *et la preuve c'est qu'il a été dressé procès-verbal de cette rétractation.*

Nous donnons ici le défi solennel de pouvoir jamais produire ce prétendu procès-verbal ; il n'est ni à Belley où il devait être envoyé avant tout, ni à Lyon où l'on était libre de l'envoyer, ni à Grenoble où il était indispensable de l'envoyer dans l'intérêt de la vérité. Jamais on ne montrera la signature de Maximin donnée à Ars ; elle était cependant rigoureusement requise dans une affaire de cette nature.

D'ailleurs, quand , où , comment et par qui aurait été dressé ce prétendu procès-verbal ? Arrivés à sept heures du soir à Ars, ni Maximin , ni ses trois guides n'ont pu parler au vénérable curé. Ils se rendent tous quatre chez M. le vicaire, qui fait, à la vérité , une sortie assez longue contre le Fait de la Salette , sortie qui met de mauvaise humeur Maximin , et étonne un peu les trois étrangers. Mais ce soir-là point de procès-verbal dressé. Le lendemain Maximin se rend à la petite sacristie de l'église où se trouvent déjà quatre grandes personnes. Son entretien avec le respectable curé dura un quart d'heure au plus. Et pendant ce quart d'heure, rien ne fut écrit par le bon curé, rien ne fut signé par Maximin ; aucune des quatre personnes ne fut prise pour témoin. Maximin rejoint ses guides et leur dit que , d'après la décision de M. le curé, il doit rentrer dans son diocèse et se mettre à la discrétion de Mgr de Grenoble. Peu satisfaits de cette décision , ces guides qui avaient leurs vues sur Maximin , le renvoient consulter de nouveau, le suivent jusque derrière l'autel où le digne curé entend une confession , et ne le perdent pas de vue. Maximin s'approche pour demander s'il doit rester à Lyon , ou s'en retourner à Grenoble, et le saint homme de lui confirmer sa première décision. De là, retour à Lyon. — Voilà bien le temps passé à Ars ; y trouve-t-on un seul moment qui ait pu être consacré à la rédaction d'un procès-verbal ?

2° Maximin, instruit de la rétractation qu'on lui attribue, réclame hautement contre cette fausseté ;

il dit, il répète qu'il donnera toujours son récit tel qu'il l'a donné depuis quatre ans, qu'il dira ce qu'il a vu et entendu *tant qu'il aura une goutte de sang au bout des doigts;* ce sont ses expressions. Il explique comme il l'a fait d'autres fois, et son ironique désaveu à M. le vicaire, et sa réponse incomprise à M. le curé; il ajoute, et ceci est connu des pèlerins d'Ars, que M. le curé est dur d'oreille et difficilement entendu; il s'offre de lui-même à une confrontation en présence d'autant de témoins que l'on voudra en choisir. Maximin ne paraît donc nullement redouter une seconde humiliation, là même où il en aurait déjà subi une première.

3° Maximin après l'aveu de sa fourberie fait à Ars, Maximin humilié et confus au sortir d'Ars, a dû éprouver un singulier embarras en reparaissant devant M. l'abbé Bez, devant Mgr l'Evêque de Grenoble et devant tant d'autres personnes qu'il aurait indignement trompées pendant quatre ans. Rien de tout cela. Maximin ne redoute les reproches de personne; il aborde ceux qu'il connaît du même air, avec la même assurance, le même laisser-aller, que s'il n'avait rien à se reprocher. Il est donc sorti d'Ars comme il y était allé; il n'y a point eu de démenti de sa part; autrement cet adolescent présenterait un phénomène unique dans l'histoire des fourbes découverts.

4° Si Maximin s'est démenti à Ars, comment M. le curé qui a reçu, compris et suivi cette rétractation, a-t-il pu écrire à Mgr de Grenoble sous la forme dubitative : *Si ce Fait est l'ouvrage de Dieu, l'homme ne le détruira pas?* Pouvait-il, devait-il s'exprimer ainsi, s'il avait acquis la preuve d'une fourberie découverte? De plus, nous tenons de source certaine que depuis, il a dit à des personnes graves *qu'on pouvait y croire ou n'y pas croire*, et même à d'autres *qu'il y croyait encore lui-même*.

Donc, point de rétractation à Ars.

5° Une rétractation réelle imposait de graves et difficiles obligations au vénérable curé, soit à l'égard de Maximin, soit envers l'autorité ecclésiastique. Il s'agissait de démentir une erreur qui depuis quatre ans grandit toujours; il s'agissait du salut d'un jeune pêcheur qui débutait dans la carrière de la vie par une imposture monstrueuse et déshonorante. C'était le cas ou jamais de montrer au grand jour le zèle, la prudence, la sagesse du bon prêtre. L'Opposition l'a senti, et, pour couvrir la responsabilité d'un saint, elle n'a rien trouvé de mieux que le mensonge d'un procès-verbal. Avec un démenti de la part de Maximin, rien n'explique la conduite du bon curé d'Ars. Donc, il n'y a point eu de démenti.

6° Mais, si toutes ces preuves ne suffisaient pas, la question est tranchée par NN. SS. les Evêques de Valence et de Viviers. Dans leur lettre commune du 8 février, envoyée aux journaux de la Capitale, les vénérables prélats se plaignent de ce que, *sans leur aveu, on a invoqué leur autorité en faveur du Fait de la Salette*, parce que, disent-ils, *nous n'avons point eu à émettre, et nous n'avons point émis de jugement ni exprimé d'approbation sur ce Fait. Nous respectons la croyance que tant de personnes lui accordent, et nous attendons la décision qui sera donnée par notre digne et vénérable collègue de Grenoble,* SEUL COMPÉTENT POUR PRONONCER.

Arrêtons-nous ici un instant pour dire aux Opposants : au jugement des deux prélats, leur *vénérable collègue de Grenoble* est SEUL COMPÉTENT POUR PRO-

NONCER. Et vous, Messieurs, vous avez livré aux
débats passionnés de la presse le Fait avec des
circonstances mensongères; vous avez cherché à
l'anéantir dans l'opinion publique, et, parce que
l'Evêque de Grenoble a permis la publication d'un
Rapport et de *Documents* sur le Fait, vous avez
essayé de le tuer moralement. Oubliant qu'il
est SEUL COMPÉTENT POUR PRONONCER, sans nul
égard, sans nul respect pour le jugement déjà
porté par l'autorité de ce juge SEUL COMPÉTENT
POUR PRONONCER, vous avez saisi les prêtres, les
laïques et la presse, et de ce qui a été fait et de
ce qui reste à faire sur ce grave événement. Vous
êtes *incompétents*, et néanmoins vous vous êtes ar-
rogé le droit non de discuter avec sagesse et mo-
dération, mais de condamner absolument et sans
appel un Fait que des Evêques déclarent *respecter*,
sur lequel ils n'osent *émettre un jugement, ni exprimer d'approbation.* Voudriez-vous donc vous
imposer à l'Eglise, et y prendre la place des
Evêques *établis par le Saint-Esprit pour la gouverner?* Est-ce la conduite que l'on tient à l'égard
des tribunaux civils? *L'autorité de la chose jugée,*
axiôme de la jurisprudence séculière, a-t-il cessé
d'être aussi une règle de conduite dans les affaires
qui ressortissent de la puissance ecclésiastique? Ac-
coutumés depuis soixante ans à contrôler tous les
actes de l'autorité temporelle, pouvons-nous nous
arroger le même droit dans l'Eglise de Dieu? —
Mais revenons à ce qui s'est passé à Ars.

NN. SS. les Evêques de Valence et de Viviers ont
eu avec leurs collègues, à Belley, *de simples conversa-
tions dans lesquelles on n'a nullement discuté le Fait
de l'apparition; il a été seulement question de* L'INCI-
DENT (qu'on remarque bien le mot) *survenu à Ars,*

*lequel n'a pas paru avoir l'importance qu'on lui don-
nait.* Voilà donc quatre évêques qui déclarent,
pièces en mains, que le prétendu démenti d'Ars
est un INCIDENT *sans importance*, et que ce démenti
qu'on fait sonner si haut n'est nullement une rétractation, mais un *incident* provenant sans doute
de quelque mal-entendu. Dépositaires de la foi,
gardiens de la morale, ces vénérables prélats ont-
ils pu qualifier d'INCIDENT *sans importance* une
imposture heureusement dévoilée? Ont-ils pu bor-
ner là leur déclaration? Concluons donc hardiment
que si à Ars il y a eu quelque mal-entendu,
quelque *incident sans importance*, il n'y a eu aucune rétractation.

Et le voilà donc disparu ce fantôme d'Ars! dont
on a voulu faire un épouvantail. Il n'en reste que
le souvenir d'une nouvelle, et peut-être dernière
épreuve d'où ressortira la gloire de l'auguste Mère
de Dieu.

(20) *Procès-verbal de leurs aveux fut dressé immédiatement.* Ce procès-verbal n'a jamais existé que
dans *l'imaginative* de l'Opposition ; ce procès-verbal
n'est ni à Belley, ni à l'archevêché de Lyon. On
assure qu'il porte la signature de Maximin ; l'enfant
n'a rien signé. Que des lettres, que des espèces de
mémoires sur cette prétendue rétractation soient
parties de Lyon comme d'un centre, et aient été
adressées dans tous les sens, toujours plus ou moins
altérées et falsifiées sur la route, nous le savons,
et nous attendons avec confiance le moment où
tous ces fabricants d'erreurs, comme les appelle le
prophète Isaïe, *rougiront et seront couverts de confusion,* (Is. 45.)

(21) *L'archevêché de Lyon, ayant à son tour interrogé les petits bergers.* Quoi donc! toujours des

faussetés? Ni Maximin ni Mélanie n'ont paru à l'archevêché de Lyon; ni l'un ni l'autre n'ont été interrogés, ni par son Eminence, ni de sa part. Cette fausseté seule suffit pour prouver que la pièce que nous commentons a été imprimée à la vérité à Lyon, mais que l'auteur n'habite pas cette ville. Quoi! vous écririez à Lyon, à deux pas de l'archevêché, et un reste d'amour pour la vérité, ou au moins la crainte de devenir la fable et la risée d'une cité populeuse, ne vous aurait pas même engagé à vous informer du portier de l'archevêché, si les deux enfants de la Salette n'auraient pas été introduits dans le palais archiépiscopal? En vérité, c'est par trop fort; c'est à ne pas y croire.

(22) *Et* (l'Archevêché de Lyon) *a, dit-on, acquis la preuve de la sincérité de leur rétractation.* Nouvelle fausseté, que l'on désire accréditer par un perfide *dit-on*, passe-port obligé avec lequel Voltaire et ses adeptes cherchent depuis cent cinquante ans à rendre problématiques les faits les plus incontestables de l'histoire, à donner de la vraisemblance aux erreurs les plus palpables, à ternir la réputation de nos plus grands hommes, à réhabiliter la mémoire des plus fameux scélérats. Et voilà comme on nous fait de l'histoire! Et voilà aussi comme il fallait à toute force donner au moins une apparence de vérité à la prétendue rétractation de Maximin! Et voilà avec quelles armes on combat le Fait de la Salette, celles de la déloyauté, des insinuations perfides et autres à l'usage des incrédules de tous les temps.

(23) *Nous croyons pouvoir ajouter que le prélat, dont l'autorité en matière de foi, a servi à propager l'imposture, a été supplié de protester contre l'abus qu'on a fait de son nom.* Ici : 1° louange perfide et

dérisoire d'un prélat que l'on a dit un peu plus haut *nonagénaire et qui, par suite de son grand âge, n'administre plus.* Un prélat *hors d'état d'administrer son diocèse, à cause de son grand âge,* est-il *d'une grande autorité en matière de foi?* 2° le Fait de la Salette qualifié d'*imposture*, et plus haut de *ridicule comédie*, mais avec dispense de preuves. 3° Le vénérable Evêque n'a été supplié par personne de protester contre ce qu'il a fait. Encore une fausseté contre laquelle nous nous inscrivons, en sommant l'auteur de nous déclarer par *qui* et *quand* le prélat a été supplié de protester. La haine aveugle, et pour combattre la Salette, on fait flèche de tout bois ; on ne respecte rien, on dénature tout, on ment sur tout.

(24) *Mais, jusqu'à présent, rien n'a été arrêté pour mettre un terme à une superstition profitable aux intérêts de beaucoup d'industriels de tous genres.*

1° *Rien n'a été arrêté*, parce qu'il n'y a rien à arrêter ni pour, ni contre, ni sur la Salette ; 2° la Salette, d'abord *ridicule comédie*, ensuite *imposture*, enfin *superstition.* L'auteur possède un riche dictionnaire, mais les injures ne sont rien moins que des raisons ; 3° quel est donc ce grand nombre d'industriels de tous genres qui profitent de la superstition de la Salette? Toujours des assertions, jamais de preuves. Qu'on nomme donc enfin ces industriels de tous genres, que personne n'a vus, dont personne ne se plaint! Qu'on signale donc les abus, les profits illicites, les gains sordides, etc. ! Qu'il prouve au moins une seule de ses assertions, sous peine de prouver à ses lecteurs qu'il n'est qu'un vain déclamateur bien résolu, pour arriver à son but, de fouler aux pieds toutes les lois de la justice et de la vérité.

(25) *L'intérêt bien entendu de la Religion exige cependant que les gardiens du dogme, les véritables dépositaires de la foi, s'interposent entre l'erreur et la vérité.*

Ici pour la première fois nous tombons d'accord avec l'auteur de l'article, à deux conditions cependant : la première, que vous établirez par quelques preuves que ce qui est *erreur*, selon vous, *est* aussi ou *peut* bien être une erreur en *soi*; 2° que pour combattre cette erreur, si, à vos yeux, c'en est une réelle ou apparente, vous vous conduirez en écrivain qui respecte le public, et veut en toute sincérité *s'interposer entre l'erreur et la vérité.* Alors seulement vos nobles efforts vous vaudront l'estime et la reconnaissance des gens de bien, et, ce qui est mieux encore, les encouragements *des gardiens du dogme et des véritables dépositaires de la foi.*

(26) *Les sentiments religieux sont déjà assez affaiblis au sein de notre société, pour qu'on ne vienne pas, par d'indignes supercheries, dont le temps a, du reste, toujours raison, faire rejaillir sur le prêtre et sur la Religion elle-même, la déconsidération qui s'attache toujours au mensonge.* Ici encore nous tombons d'accord, mais sous les réserves suivantes :

1° Qu'au lieu de qualifier l'Evénement de la Salette d'*indignes supercheries*, vous prouverez au moins par quelques raisons plausibles qu'il mérite cette nouvelle dénomination : cinquième ou sixième de votre riche répertoire ;

2° Qu'en combattant l'*indigne supercherie* de la Salette, vous n'aurez recours à aucun des moyens qui font tout le fond de votre déplorable article, et qui, accumulés les uns sur les autres, forment un tas de *mensonges* auxquels s'attache nécessairement votre *déconsidération* dans le public ;

3° Que, pour ne pas contribuer vous-même à affaiblir davantage *les sentiments religieux déjà assez affaiblis au sein de notre société, vous ne viendrez plus par d'indignes supercheries, dont le temps a, du reste, toujours raison,* dénigrer un prélat avec son clergé, uniquement dans la vue de vous soulager un peu du cauchemar que vous cause l'Événement de la Salette;

4° Que, pour ne pas faire *rejaillir sur le prêtre et sur la Religion elle-même* des maux que ne lui a jamais faits la Salette, vous vous repentirez d'avoir, autant qu'il était en vous, tenté d'immoler à d'inexplicables préventions un des plus saints Evêques de France, et de mettre en suspicion une bonne partie de son clergé, en les traduisant devant le tribunal de l'opinion comme approbateurs, fauteurs et propagateurs d'une *ridicule comédie, d'une fable absurde, d'une indigne supercherie,* etc.

La voilà donc cette fameuse pièce lancée comme une bombe qui devait écraser le Fait de la Salette; elle a éclaté en l'air avec une détonation épouvantable; mais, en éclatant, elle n'a blessé que ceux qui en sont les auteurs; et l'Evénement de la Salette n'a point de mal.

POST-SCRIPTUM.

Les journaux de la Capitale viennent de publier une *Circulaire* de Mgr l'Evêque de Gap. Les uns la donnent comme une lettre que le Prélat *vient* d'adresser à son clergé, quoiqu'elle ait trois mois et demi de date (elle est du 18 octobre 1850);

les autres s'en emparent comme d'une arme contre le Fait de la Salette, et la commentent à leur manière.

Si Mgr de Gap avait voulu saisir la presse de sa *Circulaire*, aurait-il attendu trois mois et demi de le faire? Aurait-il choisi pour la publication de sa lettre le moment même où la presse déversait la pitié et le blâme sur l'Evêque de Grenoble? Il n'entrera dans la pensée de personne que le prélat de Gap ait voulu venir en aide à ceux qui injuriaient contre toute vérité et contre toute raison, un collègue avec lequel il a été jusqu'ici dans les meilleurs rapports. On se figurera encore moins que Mgr de Gap, qui déclare vouloir rester neutre, soit venu tout à coup jeter sa circulaire comme un poids dans la balance de l'Opposition. Celle-ci ne pouvait donc jouer un plus mauvais tour à l'Evêque qu'elle se vante d'avoir pour patron, que de livrer, à son insu et contre son gré, cette Circulaire aux commentaires passionnés de la presse.

Mais que contient cette lettre de si contraire au Fait de la Salette, de si favorable aux Opposants?

D'abord, Mgr de Gap se plaint qu'on ait publié et dénaturé une lettre confidentielle qu'il avait écrite au sujet de la Salette. Double déloyauté que le prélat blâme avec raison. Comme Evêque, il ne veut nullement patronner le Fait, quelle qu'ait pu être sa pensée intime comme particulier.

Il se plaint ensuite d'une petite brochure sur l'Evénement de la Salette, soit parce qu'on s'est obstiné à y insérer sa lettre purement confidentielle, soit parce que cette brochure lui a paru une *manœuvre*, une *coupable intrigue*, une *indigne spéculation*. En cela, Mgr remplit un devoir.

Le prélat ne veut pas qu'on croie qu'il patronne un fait dont il ne peut, ni ne doit, ni ne veut s'occuper ; et par là, il reconnaît l'Evêque de Grenoble comme seul *compétent pour prononcer.* En cela il imite la conduite de tous ses vénérables collègues de France, et donne une bonne leçon à cette classe d'Opposants qui s'arroge un droit qu'elle n'a pas ; qui voudrait faire trancher la question en déchaînant contre elle les mauvais instincts de la presse anti-catholique.

« Mais, disent les Opposants, Mgr de Gap *ne
» peut, ni ne doit, ni ne veut se mêler du Fait en
» aucune façon.* Nous comprenons qu'il ne puisse
» s'en mêler *officiellement,* puisque le Fait est
» étranger à son diocèse ; mais il avertit expressé-
» ment qu'il ne *patronne pas le Fait, qu'il ne peut,
» ni ne doit, ni ne veut s'en mêler en aucune façon.*
» Donc, il n'est pas pour les défenseurs, mais
» bien pour les adversaires du Fait, au moins
» comme particulier. » Nous répondons : nul n'a le droit d'interroger la conscience d'un évêque ; c'est comme évêque qu'il s'adresse à son clergé ; c'est comme évêque qu'il déclare ne pas patronner le Fait, ni pouvoir, ni devoir, ni même vouloir s'en mêler. Mgr de Gap, en s'exprimant ainsi, déclare vouloir garder la neutralité la plus absolue ; il se met entièrement en dehors du Fait. Sur quel fondement donc, partisans ou adversaires, se vanteraient-ils d'avoir le prélat pour eux ?

Mgr de Gap déclare encore qu'il n'a pu constater aucune des guérisons merveilleuses dont on a fait courir des récits dans son diocèse. Aussi, dans nos deux volumes sur la Salette, n'en avons-nous cité aucune venue de ce pays-là.

Enfin, Mgr de Gap défend dans son diocèse

la récitation de l'*Office de la Salette*, et il est dans son droit. Cet office doit être regardé, malgré sa forme liturgique, comme un livre de pure dévotion privée, qui ne pourra jamais, tel qu'il est, remplacer ni en tout ni en partie l'office canonial d'un jour quelconque de l'année, dans aucun diocèse, à moins d'une approbation.

Voilà cette *Circulaire* dont l'Opposition fait tant de bruit, qu'elle regarde comme capable d'infirmer l'Evénement de la Salette. Le vénérable auteur de la lettre, se mettant complètement en dehors de la question, use simplement de son droit d'avertir son clergé d'être en garde contre des relations mensongères, contre des intrigues pernicieuses, contre de faux miracles, etc. Mais nous persistons à dire que le zèle des Opposants à jeter cette pièce en proie à la polémique des journaux de toute couleur, est une injure gratuite faite à deux évêques à la fois.

Addition à la page 16, *après* 4°.

Ceux qui répètent sans cesse que la belle Dame, si elle était la sainte Vierge, ne devait pas s'interrompre comme une personne qui s'aperçoit tout à coup qu'elle n'est pas comprise, sont priés de nous dire : Si Dieu savait ou ne savait pas où était Adam après son péché, et cependant il lui dit : *Adam, ubi es;* Adam, où es-tu? Ils sont priés de nous dire si Notre-Seigneur savait ou ne savait pas de quoi s'entretenaient les deux disciples d'Emmaüs, et cependant il leur demanda : *De quoi parlez-vous? Qui sunt hi sermones? Pourquoi êtes-vous tristes? Et estis tristes? Que s'est-il passé à Jérusalem? Quæ?* Et lorsqu'arrivé avec eux à Emmaüs, il feignit d'aller plus loin, *ipse se finxit longius ire,* savait-il ou ne savait-il pas qu'il serait prié de s'arrêter [?]

Le Fait de la Salette est du domaine de la Religion; pourquoi, pour le défendre, ne le comparerait-on pas à d'autres faits religieux, en se souvenant toutefois, avec respect, de la distance qu'il y a du petit au grand?

www.ingramcontent.com/pod-product-compliance
Lightning Source LLC
LaVergne TN
LVHW022035080426
835513LV00009B/1056